學齡兒童課後托育環境評量表

School-Age Care Environment Rating Scale

SACERS

THELMA HARMS

ELLEN VINEBERG JACOBS　著

DONNA ROMANO WHITE

房美秋　譯

School-Age Care Environment Rating Scale

Thelma Harms

Frank Porter Graham Child Development Center
University of North Carolina at Chapel Hill
Chapel Hill, North Carolina

Ellen Vineberg Jacobs

Department of Education
Concordia University
Montreal, Quebec

Donna Romano White

Center for Research in Human Development
Concordia University
Montreal, Quebec

Published by Teachers College Press,
1234 Amsterdam Avenue, New York, NY 10027

Teachers College
Columbia University
New York and London

作者簡介

Thelma Harms 是法蘭克‧波特‧葛拉翰兒童發展中心的課程開發主管，並且也是北卡羅萊那大學教堂山分校教育學院的研究教授。她曾服務於加州大學柏克萊分校的哈洛‧瓊斯兒童研究中心。Harms 博士與學前兒童工作、托育機構諮詢、提早入學方案與公立學校課程，以及師資培育、親職教育等方面，有充分的經驗。她發表的著作包含一系列訓練家庭托育提供者、托育機構教師／職員，及幼教師資的課程教材。Harms 博士也是一部針對家長與幼教專業人士所製作有關幼童的公共電視連續劇「撫養美國兒童」（*Raising America's Children*）的共同編劇。

Ellen Vineberg Jacobs 是魁北克蒙特婁康科迪亞大學幼兒教育系的教授。她從一九七一年起就在該校任教，擔任大學部與研究所的教職。Jacobs 教授也是康科迪亞大學觀察實驗學校的指導者；她自一九九二年起即為加拿大芝麻街的顧問委員。Jacobs 教授是《加拿大幼兒教育研究期刊》（*Canadian Journal of Research in Early Childhood Education*）的創始編輯，同時也是《托育機構中的幼兒遊戲》（*Children's Play in Child Care Settings*）一書的共同作者。她的研究計畫大都專注於托育機構所伴隨的社會問題，例如學齡兒童課後托育照顧課程中的友誼發展。

Donna Romano White 是心理學教授，並且也是魁北克蒙特婁康科迪亞大學人類發展研究中心的成員。她自一九七〇年起，即從事提早入學方案、幼兒學前教育以及日間托育的研究。她致力於兒童服務品質方面的努力，與 Thelma Harms 及 Richard Clifford 所開發的《幼兒學習環境評量表》（*Early Childhood Environment Rating Scale*）有相同的重要性。她於一九八六年將其興趣延伸到課後托育照顧方面，並且從那時起，進行學齡兒童課後托育課程方面的研究與諮詢。由於她對照顧品質以及學齡兒童課後托育照顧方面的興趣，使她參與《學齡兒童課後托育環境評量表》（*School-Age Care Environment Rating Scales*）開發的工作。

譯者簡介

房美秋

學歷

美國德州休士頓大學（University of Houston）小學課程設計碩士

美國蒙特梭利協會（American Montessori Society）6-12 歲小學合格教師

經歷

朝陽科技大學幼保系兼任講師

台北市幸安國小英語教師

在家教育工作者

美國德州 Southampton Montessori School 小學老師

現職

竹北全人蒙特梭利國小課後托育中心課程設計和師資培訓老師

蒙特梭利基金會講師

譯者序

　　我有緣結識這本工具書，是在朝陽科技大學幼保系兼課的時候，當時系主任是倪用直主任，他請我幫忙統整這本書。本書之前已有數位研究生著手翻譯，輾轉到達我手中，已是半成品。

　　再重新翻譯整理這本短小精幹的書時，發現原作者花費許多心血才完成這本評量手冊。此工具書針對我目前在課後安親托育中心的工作，提供極大的醒思和幫助。我相信此書也一定能提供課後托育的主管機關、安親班和關切自己學齡孩子課後托育品質的家長們，評估和選擇理想課後托育中心服務的最佳參考。

　　感謝倪老師和曾經參與此書翻譯的研究生，讓這本「有分量」的評量手冊得以付梓問世。

房美秋

致謝

《學齡兒童課後托育環境評量表》（*School-Age Care Environment Rating Scale, SACERS*）結合美國以及加拿大的努力，有益於幼兒研究者與業者間建立更為嚴謹的專業關係。SACERS 開始於《幼兒學習環境評量表》（*Early Childhood Environment Rating Scale, ECERS*）（Harms & Clifford, 1980），是一系列項目評估工具中最新的評量表。前三個評量表，提供了 SACERS 的發展模式。感謝 Richard M. Clifford 與 Debby Cryer 對於 ECERS 系列的其他三個評量表工作計畫完成的重視。

SACERS 歷經五年完成，承蒙美加兩國許多同事給予極大的協助。Louise Chartrand 在魁北克蒙特婁，指導 SACERS 最早的翻譯工作。來自美國的 Kay Albrecht、Carollee Howes、Eddie Locklear、Nancy Marshall，以及 Barbara Vandenbergh，與加拿大的 Pat Golian、Nory Siberry、Madeleine Baillargeon，以及 Wilma Van Staaldumen 等專家們，在內容效度研究上多所貢獻。Carole Bouchard、Jennifer Grant、Renée Roberts、Sandy Gabriel、Vali Fugulin 與 Hélène Larouche 等評估者在蒙特婁魁北克市，以及多倫多做信度與效度的研究處理。

感謝 Judith Levkoe、Nory Siberry 以及大多倫多的 YMCA 學齡兒童照顧中心的教師／職員，對於這個計畫的鼓勵與協助。也非常感謝來自於北卡羅萊那協會（North Carolina Cooperative Extension Service）的 Barbara Vandenbergh 與她的同事們，在課程評量表測驗範圍的貢獻。

感謝 Commission des Écoles Catholiques de Montréal 以及蒙特婁和魁北克市許多學校參與我們的研究。

特殊需求補充項目原由 Don Bailey、Richard M. Clifford 與法蘭克・波特・葛拉翰兒童發展中心的 Thelma Harms 所發展，Thelma Harms 與 Debby Cryer 校訂。

特別要褒揚我們的同事——北卡羅萊那大學教堂山分校的 Debby Cryer，以及拉瓦爾大學的 Madeleine Baillargeon，在評量表的發展期間成為嚴謹的評論者。

Cathy Riley 令人印象深刻的電腦技術與特別的耐心，使得評量表設計的便利性更值得信賴。Denise Burgess 完成封面設計，Gina Harrison 完成封面企劃。

加拿大的信度研究在加拿大健康與福利兒童照顧創始基金會（Health and Welfare Canada, Child Care Initiatives Fund）的認定下完成。

最後，感謝在課程上觀察到的老師與孩子們讓我們嘗試不同版本的評量。他們的毅力與坦率使得 SACERS 測驗範圍的發展成為愉快的經驗。

T. Harms
E. Jacobs
D. White
1995

目錄

SACERS 的發展　／1

　理論基礎　／1

　信度與效度　／2

　摘要　／3

　參考文獻　／4

SACERS 的使用說明　／5

評量項目與說明　／10

　空間和設備　／11

　健康與安全　／17

　學習活動　／23

　互動　／27

　課程結構　／33

　教師／職員成長發展　／37

　特殊需求補充項目　／39

SACERS 訓練綱領　／42

　準備使用評量表　／42

　進行實習觀察　／43

　決定評分者間信度　／43

　訓練活動　／45

　解答　／46

學齡兒童課後托育環境評量表的發展

理論基礎

　　學齡兒童托育是為小學階段的孩子提供一種非父母親的照顧方式。這種方式是因應家庭中有小學階段的孩子，且單親工作父母親以及雙薪家庭的需求而存在，因為大部分的小學活動時間與一般工商業的作息並不相符。許多家庭當父母親正在就學或是家庭中遇到緊急狀況時，也非常需要學齡兒童托育的服務。一九九一年美國大約有一百七十萬的學齡兒童，在四萬九千五百所正式的課前及／或課後托育中心登記入學（Seppanen, deVries, & Seligson, 1993）。加拿大的統計資料顯示，67%的家庭必須安排六到九歲的孩子接受全天候或部分時間的兒童照顧，以符合父母親的工作作息（Lero, Goelman, Pence, Brockman, & Nuttall, 1992）。

　　藉著發展課後托育計畫，美國和加拿大的小學、社區與娛樂中心、學齡前兒童托育中心，以及家庭托育等，已經回應了孩子放學後離校的幾個小時內監督管理的明顯需求。即使擁有同樣完善設備以及課程內容，學齡兒童托育課程也不盡相同。有些課程著重在娛樂活動上，因此孩子能夠擁有相同的課外活動機會，這對於結束學校一天生活後回到家的孩子而言是有益的。其他中心則是提供更多學業相關的課程來加強孩子的學習。然而，也有其他的課程，強調創造性的藝術，內容包括視覺藝術、音樂及戲劇等。不論是哪一種課程，都必須考量符合五到十二歲年齡層所需的學齡兒童托育課程。而對於七歲以上的孩子，則必須提供更多種類的活動來因應孩子各種不同需求及興趣。

　　為了讓學齡兒童托育課程發展內容完整適切的評量表，作者們取得了許多資料。SACERS 的訂定不是提出特別的課程哲學，而是建立在學齡兒童適性發展的標準基礎上，對於品質的定義也是經過多方參酌，包括 Albrecht（1991）提出學齡兒童照顧課程的品質標準（*Quality Criteria for School-Age Child Care Programs*），以及 O'Connor（1991）提出的評估學齡兒童照顧品質（*Assessing School-Age Child Care Quality*, ASQ），以及針對幼兒課程的評價基本資料（*Assessment Profile for Early Childhood Programs*）（Abbott-Shim & Sibley, 1987）等。關於品質決定的指標也是以相關研究為基礎，包括加拿大的研究（Baillargeon, Betsalel-Presser, Joncas, & Larouche, 1993; Betsalel-Presser & Joncas, 1994; Jacobs, White, Baillargeon, & Betsalel-Presser, 1991; White, 1990），以及美國的研究（Galambos & Garbarino, 1983; Vandell & Corasaniti, 1988; Vandell, Henderson, & Wilson, 1988）。依據文獻（Seligson & Allenson,

1993），審慎考量評量表是否能夠反映出目前的想法是最佳務實之道，亦即符合學齡兒童發展需求時當務之急的工作。

最重要的是 SACERS 係改編自《幼兒學習環境評量表》（*Early Childhood Environment Rating Scale, ECERS*）（Harms & Clifford, 1980）。SACERS 在形式上類似 ECERS、《家庭托育評量表》（*Family Day Care Rating Scale, FDCRS*）（Harms & Clifford, 1989），以及《嬰幼兒環境評量表》（*Infant/ Toddler Environment Rating Scale, ITERS*）（Harms, Cryer, & Clifford, 1990），但內容特別針對學齡兒童托育的這一群孩子之群體。

SACERS 由六個分量表下的四十三個項目組成：空間和設備、健康與安全、學習活動、互動、課程結構，以及教師／職員成長發展。其中也包括課後托育中心內以特殊需求的兒童為主所設計的一整組六個輔助項目。此評量表與其他的評量表相似，每一個項目為 7 分，而且依奇數評分並給予不同的評量描述：（1）不適當，（3）最低要求，（5）良好，（7）優良。等級（1）代表缺乏照顧將危及孩子的發展，等級（3）表示最低程度的照顧標準，等級（5）是描述對兒童的照顧合乎適性發展上的基本層次，等級（7）描述擴展孩子的學習與經驗，以及提供溫暖與支持的高品質照顧。SACERS 指的是以中心為主的照顧方式，並非家庭式的兒童托育照顧。

雖然 SACERS 遵循 ECERS、FDCRS 及 ITERS 的格式，已熟悉這些評量表的讀者，會留意到兩項增添的部分：第一，SACERS 的手冊中包括訓練綱領。包含許多活動以協助觀察者學習正確使用評量表。第二，SACERS 包含許多範例問題，提供觀察者在無法看到狀況時，能夠輕易提問。範例問題會呈現在「說明」中，並且會顯示問題應該給分的層次，例如，Q（5）是指必須要獲得這些資訊，以決定該項目是否能得到 5 分。

SACERS 的設計旨在詳盡但又容易理解與使用，因此它能夠幫助教師／職員做自我評量，或機構的行政主管做督導與管控，以及研究者所期許的涵蓋學齡兒童托育計畫，是能符合全球標準品質之評量工具。SACERS 也能夠應用在教師訓練和發展新課程的指南。

信度與效度

SACERS 分量表與總分的信度以三種方法評估：內部一致性（internal consistency）的計算使用 Cronbach's Alphas；評分者間信度（inter-rater reliability）使用 Kappa 統計學測量可能符合的正確性；評分者間信度使用班級內相關估計。效度以二種方法評估：內容效度（content validity）的估計，使用專業評定品質定義對每一個項目的重要性；建構效度（construct validity）是由 SACERS 教師／職員訓練及師生比的總分和分量表間的相互關係來評定。

資料取自加拿大魁北克省與安大略省的二十四所課後托育中心，做 Cronbach's Alphas、Kappas 及建構效度的計算。兩位觀察者從單次的訪評中，使用 SACERS 獨立評定每一個班級。一位觀察者評定全部二十四個班級。第二位觀察者是五位受訓的評定者中的一位。「班級內相關」需要相同的兩位獨立觀察者評定所有班級：這些資料從二十四個班級中的十三個班級取得。特殊需求補充項目的信度資料無法由這些班級獲得，因為這些中心都不包

括特殊孩子。因此，輔助項目的內容效度是使用專業方式評定。

內部一致性。每一個分量表與總分的 Cronbach's Alphas 的係數，是依據二十四所中心的取樣：空間和設備係數是.76；健康與安全係數是.82；學習活動係數是.86；互動係數是.94；課程結構係數是.67；教師／職員成長發展係數是.73；總分係數是.95。除了課程結構的係數顯示「最低要求」外，其他所有係數顯示：內部一致性是從良好到優良。

評分者間一致性。藉由兩位觀察者獨立評定，評量並計算二十四所中心的 Kappas 係數。每一個分量表與總分的 Kappas 係數為：空間和設備係數是.79；健康與安全係數是.83；學習活動係數是.86；互動係數是.82；課程結構係數是.82；教師／職員成長發展係數是.91；總分係數是.83。所有的 Kappas 係數顯示評分者間信度是從良好到優良。

班級內相關。班級內相關反應出觀察者雙方的評定標準與不同觀察者之間的評定關係。班級內相關是由兩位相同的獨立觀察者計算十三所中心的觀察樣本，每一個分量表的相關為：空間和設備相關係數是.87；健康與安全相關係數是.95；學習活動相關係數是.92；互動相關係數是.93；課程結構相關係數是.99；教師／職員成長發展相關係數是.99；總分相關係數是.96。所有班級內相關係數反映出最佳的信度。

內容效度。內容效度的評量是詢問美國與加拿大公認的九位專家對於高品質的定義，由 5 分量表中評定每一個 SACERS 項目的重要性（從 1 不重要到 5 非常重要）。91%的項目是以 4.5 到 5 的平均等級為基礎。項目的全體平均等級是 4.8，最低平均等級是 3.9。因此，評量表被描述為最佳內容效度。

建構效度。SACERS 總分和分量表的分數，與教師／職員訓練及師生比相關。教師／職員訓練藉由指定 0 至 5 分來評定，以表示完成教育程度的最高層次。例如，5 分表示教師／職員已經完成幼兒教育或相關科系的大學學位；4 分表示教師／職員已經完成大學學位，但是與幼兒教育無關；3 分表示教師／職員目前已經註冊選修幼兒教育或是兒童發展課程；2 分表示教師／職員目前已經登記入學與幼兒教育無關的系別；1 分表示教師／職員持高中畢業文憑；0 分表示教師／職員尚未完成高中教育。師生比的界定是由課後托育中心已登記的兒童總數除以工作人員中被派去督導兒童班級的人數。

教師／職員訓練與以下的係數成適度的正相關：空間和設備為.31；互動為.29；課程結構為.40；總分為.29。師生比與以下的係數成少量負相關：健康與安全為-.40；學習活動為-.39；教師／職員成長發展為-.24；總分為-.30。以上乃是根據二十四個班級相當小的取樣，這些相關性是呈現適度的。雖然，需要有更多的研究來確定建構效度，但是在一個小樣本數的限制範圍內，仍不失為良好的建構效度。

摘要

上述結果支持SACERS總分與分量表分數在描述整體品質與個別特殊區域品質的使用。SACERS的簡短表格使用 White、Marchessault、Li 與 Bouchard

（1994）所研究的十七項發展評量表。項目的描述與簡短表格的心理測定所有權歸作者所有。

出版前，根據信度和效度的結果，以及觀察者與專家評論的回饋，已針對 SACERS 的項目做了少許的校定。

參考文獻

Abbott-Shim, M., & Sibley, A. (1987). *Assessment profile for early childhood programs: Manual administration.* Atlanta, GA: Quality Assist.

Albrecht, K. (1991). *Quality criteria for school-age child care programs.* Alexandria, VA: Project Home Safe.

Baillargeon, M., Betsalel-Presser, R., Joncas, M., & Larouche, H. (1993). One child, many environments: Continuity or discontinuity in kindergarten and school-based day care programs? *Alberta Journal of Education Research, 39,* 127-142.

Betsalel-Presser, R., & Joncas, M. (1994). Le partenariat: Un défi pour l'enseignante du préscolaire et de l'éducatrice du service de garde en milieu scolaire. *Actes du 66ème Congrès de l'Association Générale des Instructrices et Instructeurs des Ecoles et Classes Maternelles Publiques* (AGIEM), Nantes, France.

Galambos, N., & Garbarino, J. (1983). Identifying the missing links in the study of latchkey children. *Children Today, 13,* 2-4.

Harms, T., & Clifford, R. M. (1980). *Early childhood environment rating scale.* New York: Teachers College Press.

Harms, T., & Clifford, R. M. (1989). *Family day care rating scale.* New York: Teachers College Press.

Harms, T., Cryer, D., & Clifford, R. M. (1990). *Infant/toddler environment rating scale.* New York: Teachers College Press.

Jacobs, E. V., White, D. R., Baillargeon, M., & Betsalel-Presser, R. (1991). School-age child care: A preliminary report. *Proceedings of the Child Care Policy and Research Symposium. Occasional Paper #2.* Toronto: Child Care Resource and Research Unit.

Lero, D. S., Goelman, H., Pence, A. R., Brockman, L. M., & Nuttall, S. (1992). *Parental work patterns and child care needs : The Canadian national child care study.* Ottawa: Statistics Canada.

O'Connor, S. (1991). *Assessing school-age child care quality.* Unpublished manuscript, Wellesley College, School-Age Child Care Project, Wellesley, MA.

Seligson, M., & Allenson, M. (1993). *School-age child care: An action manual for the 90's and beyond.* Wesport, CT: Auburn House.

Seppanen, P., deVries, D. K., & Seligson, M. (1993). *National study of before- and after-school programs.* Washington, DC: U.S. Department of Education, Office of Policy and Planning.

Vandell, D. L., & Corasaniti, M. A. (1988). The relations between third graders' after school care and social, academic, and emotional functioning. *Child Development, 59*(4), 868-875.

Vandell, D. L., Henderson, V. K., & Wilson K. S. (1988). A longitudinal study of children with day care experiences of varying quality. *Child Development, 59*(5), 1286-1292.

White, D. R. (1990). *After-school child care: A service for children?* Paper presented at the Learned Societies, Canadian Society for the Study of Education, Victoria, BC.

White, D. R., Marchessault, K., Li, W., & Bouchard, C. (1994). Reliability and validity studies of the *School-Age Care Environment Rating Scale.* (Technical Report). *CRDH Bulletin.* Montréal: Concordia University.

學齡兒童課後托育環境評量表的使用說明

　　不論是在自己的課後托育中心中做自我評估，或是以觀察者身分評估他人的中心或是做研究，能正確的使用《學齡兒童課後托育環境評量表》是很重要的。當你還不會使用本評量表時，建議最好是先參加由有經驗的 SACERS 訓練者依循 42 至 46 頁的 SACERS 訓練綱領教導的訓練課程。如果你無法參與這樣的課程，請在嘗試評估一個課後托育中心之前，先遵循以下所列出的步驟：

　　1. 詳細閱讀全部的評量表，包括每一評量項目以及「說明」中所提的問題。為了更精確，所有的評估必須盡可能精確符合評量表項目的描述內容。

　　2. 評分必須以下述方式實施：

- 評估須以現況觀察到或報告為基礎，並非是未來的計畫。
- 當決定評估一個項目時，先閱讀低於 1 分的描述內容。
- 如果符合描述內容的任何一部分，所能給予的最高分是 1 分。
- 若無包含 1 分的部分，且只符合 3 分的一半或以上的描述內容，則給予 2 分。
- 只有在所有的描述內容均符合時，給予 3 分或 5 分。請注意，在對一個項目給予更高分之前，必須完全符合 3 分的描述內容。
- 當包含所有較低分的內容和符合下一個更高分的一半或更多的描述內容時，則給予中間分，4 分或 6 分。
- 當所有的描述包含 5 分且加上 7 分描述的狀況的內容，則評估為 7 分。

　　3. 如果你是一個外部觀察員（outside observer），即非帶班教師／職員之一：包含中心主任、有教師／職員證的行政人員和研究員，觀察或評估一個區域，至少需要兩個小時。

　　4. 在你開始觀察之前，要求中心負責人先為你做一個扼要的中心導覽，以及概述空間使用及中心的組織架構。如果課後托育中心分成幾個獨立的小班級時，在觀察期間只需選擇一個班級進行觀察；若中心只是一個大班級，則觀察整個班級。

　　5. 在觀察期間，請注意不要打斷正在進行的活動。

- 面目表情請保持中立。
- 不要與孩子互動，除非你發現危險，必須立即處理。

- 不要與教師／職員交談或打擾他。

6. 在觀察期間，評量表必須隨時在手上，並有疑必問。評估每一個項目，必須先明確的閱讀說明。將評估結果圈選起來，並記錄自己的意見。切莫相信自己的記憶，事後才做記錄評分。評分表提供簡便的方式記錄項目得分、分量表得分和總分數，以及自己的意見。

- 觀察評估時使用的評分表，裝訂在本書中間夾頁處，可以很輕易的摘取下來使用。
- 觀察時建議使用鉛筆填寫評分表。評分表應清楚地記載，而且字跡要夠黑，影印時能清晰辨識。最後評定的分數應清楚地圈選。
- 你可以在評分表上做記號，標明哪一個項目你必須詢問問題，以取得其他訊息。依據你的觀察，在所能達到最高分的項目下畫線，然後在需要提問題的項目旁做一個問號，並記下想要問的問題的關鍵字。藉由此方法準備你的評分表，可以幫助你在短時間內有系統的提問問題。記得查驗說明，是否有範例的問題包含在此項目中。
- 評分表亦可簡明的指出每一個得分的理由，而觀察時關鍵字的描述，可提醒你給予評分等級的理由。

7. 有一些特質在你拜訪時是不會被觀察到的，因此訪問中心主任或帶班的老師以完成評分表是必需的。

- 當教師／職員有空的時候，讓他們知道你需要半小時的時間，詢問一些有關於你沒觀察到的部分。
- 觀察過程中在評分表上標記想要詢問問題的項目。
- 觀察後，花一些時間檢閱說明內列舉的範例問題，這些範例內容都只是建議，你可以隨意更改成更適當的問題。
- 你可以問一些範例所沒有提供的問題，並簡略的記錄在評分表上。
- 一次只處理一個項目，在你進行下一個項目前，先詢問此項目的問題並記錄或決定評量分數。
- 只詢問需要問的問題以決定是否可得到更高的分數。

以不批判的態度詢問問題是很重要的，我們都知道提問往往具威脅性，因此觀察者盡可能減少施壓於回答者身上。以開放性的問題詢問出你所需要的答案，也是很重要的。

把你自己放在照顧者的角色來回答下列問題，對於每一個問題你有何感覺？

- 「你不擔心教師／職員沒取得急救證照嗎？」
- 「可否告訴我孩子們到校與離校的處理方式，因為我無法在現場觀察？」
- 「請描述文化意識的課程為何？」
- 「有任何其他的教材可供孩子使用嗎？」

你會發現有些問題會暗示不認同，使作答者產生防禦的心態（如問題 1）。或者問題包含難以理解的抽象內容（如問題 3），較適宜的方式是在詢問問題時使用明確的敘述，例如你可以問「你如何慶祝不同文化的節日？」或「你有任何多元文化的書籍嗎？」提問時可以用一個簡短的解釋作為開端，說明你為何需要問此問題（如問題 2），如此發問可減少脅迫。對於有關這裡是否有其他的教材（如問題 4），這種開放性的問題，似乎也非常實際。

　　有關 SACERS 訓練課程更進一步的資訊和活動，包含在 42 至 46 頁的訓練綱領中。

學齡兒童課後托育環境評量表的項目和子量表

空間和設備【第 11 頁】

1. 室內空間
2. 大肌肉活動空間
3. 隱密空間
4. /4a. 教室安排
5. 日常托育的設備
6. 學習和休閒活動的設備
7. 放鬆和舒適的設備
8. 大肌肉活動設備
9. 使用主管單位所提供的場地設施
10. 教師／職員個人空間
11. 教師／職員專業需求的空間

健康與安全【第 17 頁】

12. 健康守則
13. 保健措施
14. 緊急事故與安全守則
15. 安全措施
16. 出席率
17. 離校
18. 正餐／點心
19. 個人的衛生習慣

學習活動【第 23 頁】

20. 美勞活動
21. 音樂律動活動
22. 積木建構活動
23. 戲劇活動
24. 語言／閱讀活動
25. 數學／推理活動
26. 自然科學活動
27. 文化意識

互動【第 27 頁】

28. 問候／道別
29. 師生互動
30. 師生溝通
31. 孩子的管理與指導
32. 行為規範
33. 同儕互動
34. 教師／職員和家長的互動
35. 教師／職員的互動
36. 安親班教師／職員和學校班級教師的關係

課程結構【第 33 頁】

37. 課程表
38. 自由選擇
39. 教師／職員與主管單位的行政關係
40. 使用社區資源

教師／職員成長發展【第 37 頁】

41. 專業成長的機會
42. 教師／職員會議
43. 教師／職員的督導與評量

特殊需求補充項目【第 39 頁】

44. 關照特殊兒童
45. 個別差異
46. 多元化的學習和練習技巧的機會
47. 參與投入
48. 同儕互動
49. 促進溝通交流

說明

1. *範例只提供說明眼見的事物,讓指標更清楚些。是指標被評分,而不是範例。也許觀察到的是不同的例子。

2. *本指標要旨在於年幼的孩子不會為了遊戲場和年長的孩子競爭。因此,如果課程表有系統地區分不同年齡層孩子使用的場所,則此指標給予得分。

3. *孩子要單獨或在小組中玩時,必須有個隱密並能監督到的空間。
   Q(7)孩子如果想要單獨玩,有這樣的活動空間嗎?孩子可以帶玩具到隱密的空間裡玩嗎?設計給個人或小組的活動場地是否遠離一般的活動場地?

使用本量表之前,請先
閱讀評分指南

	不適當		最低要求		良好		優良
	1	2	3	4	5	6	7

空間和設備

1. 室內空間
- 孩子沒有足夠的空間。
- 空間缺乏足夠的光線、通風不良、溫度控制不佳或是非常吵鬧。
- 空間需要維修（例如*：牆壁和天花板油漆剝落，地面高低不平、粗糙）。

- 孩子擁有足夠的室內空間。
- 足夠的光線、通風、適當溫度控制和可接受的吵鬧程度。
- 空間維護良好（例如：地板無損壞，牆壁情況良好，沒有油漆剝落）。

- 孩子擁有寬敞的室內空間（例如：寬敞的場地允許孩子自由的到處移動；擺設品及活動空間不會妨礙孩子的行動）。
- 通風良好，透過窗戶或天窗採集自然光源。
- 空間有妥善的保養（例如：地板清潔、地毯吸塵、垃圾清除）。

- 空間是美觀、舒適的（例如：明亮、開放、通風的感覺）。
- 自然光可以被控制（例如：可調整的百葉窗或窗簾）。
- 通風可以被控制（例如：窗戶可打開，抽風機可由教師／職員來操作）。

2. 大肌肉活動空間
- 沒有室內外活動空間，特別是粗動作活動的空間。
- 室外空間缺乏保護的措施（例如：缺乏遮蔭、防風物、排水溝）。

- 部分空間可以每天進行室內外的粗動作活動。
- 室外空間有部分保護措施。

- 有寬敞的室外空間和每天可以使用的部分室內空間（例如：體能活動教室、庭院）。
- 戶外空間能提供不同型態活動的場地（例如：籃球場上鋪柏油，有草地或其他地面可以玩棒球、足球）。

- 室內外空間每天都可以使用，並且是寬敞、舒適和多樣化的。
- 年幼和年長的孩子活動空間區隔開*。
- 室外空間鄰近便利。

3. 隱密空間*
- 不允許孩子獨處或在小組中，不受外人干擾。
- 教師／職員不鼓勵孩子獨處（例如：一直希望孩子參與團體活動）。

- 允許孩子選擇空間獨處，但孩子仍然能受到監督（例如：使用遊樂器材或在設備的後面）。

- 留出一些個人或小組的空間以避免其他人的干擾（例如：教室閣樓的空間）。
- 允許孩子創造屬於自己的隱密空間（例如：可以移動一些家具來創造私人的空間）。
- 空間不但保持隱密，也易於監督。

- 孩子可以帶自己選擇的玩具到隱密的空間。
- 教師／職員規劃適合於個人或小組活動的隱密空間，有別於一般的團體活動。

說明

4. * 角落（或稱興趣中心）是指教具教材的布置合宜、配備齊全的地方。例如：藝術角的美勞材料在畫架或美工桌附近，方便取用。
   † 容易取得的（accessible）──指孩子易於自己取得工具材料。
   ‡ 可用的（available）──指有些工具材料放在某些角落，但孩子可能無法自己取得。
   Q（7）有沒有其他的學習材料是孩子容易取得的？那些學習材料放在哪裡？

   ** 評估項目 4 或 4a。詢問家庭作業是否列入課程項目之一，以決定 4 或 4a 是否會被評估。

5. * 基本的設備：每個年齡層有合適尺寸的午餐／點心桌和椅子；墊子、兒童搖床；小櫃子或其他可以放置孩子物品的空間。
   † 午休時間使用的墊子、或兒童搖床，年紀大的孩子不需要。
   ‡ 設備必須舒適且適合孩子的尺寸。例如：當孩子坐的時候，腳必須能夠平放在地面上，桌子的高度可以讓孩子的膝蓋在桌下彎曲自如，手肘平放在桌上。

6. * 基本的設備：桌子和椅子，畫架或美勞桌，可以儲存物品的開放架。

	不適當		最低要求		良好		優良
	1	2	3	4	5	6	7
4. 教室安排	● 使用的空間沒有設限（例如：在大的教室沒有規劃角落*，或幾個小的教室內沒有限定特定的用途）。 ● 教室安排不方便（例如：動線妨礙活動）。 ● 難以督導。		● 至少有一個有明確規範的角落，方便孩子使用†。 ● 孩子有其他可以使用的遊戲空間。 ● 角落及其他遊戲空間容易看得見及督導。		● 至少有三個明確的角落，並有方便使用的設備（例如：供應水源、有足夠的置物架）。 ● 靜與動的角落是分隔開的。 ● 角落或教室的布置能促進孩子獨立使用（例如：有標示的開放式置物架）。 ● 教室內的擺設不會過度擁擠。		● 角落規劃能提供多元化的學習經驗（例如：提供藝術課程或多元性的活動、電腦角落、棋盤遊戲桌）。 ● 其他可用的‡的學習材料，用來補充或改變角落或教室的用途。
4a.當家庭作業是安親班作息的一部分**	● 涵蓋上述項目，再加上沒有分隔開的空間可以做家庭作業或其他安靜的學習。		● 涵蓋上述項目，再加上有分隔開的空間可以做家庭作業或安靜學習。		● 涵蓋上述項目，還安排一個安靜、不擁擠及有適當設備的地方，可以做家庭作業及安靜學習。		● 涵蓋上述項目，還備有容易取得的學習參考資料（例如：開放式圖書室、容易取得的電腦）。
5. 日常托育的設備（進餐、午休、孩子個人用品的儲物櫃）*	● 進餐、午休†、孩子個人儲物櫃等基本家具設備數量不足。 ● 設備缺乏良好的修繕。		● 家具設備數量足夠。 ● 設備有良好的修繕。		● 孩子平日使用的設備尺寸適當‡。		● 每天維護孩子常用的設備（例如：桌具的清洗）。
6. 學習和休閒活動的設備*	● 學習和休閒活動的基本設備數量不足。		● 有足夠的學習和休閒活動的設備，並且有良好的修繕。 ● 充足且便利的儲物空間。		● 學習和休閒活動的設備大小尺寸適當，可每日使用，並有好的維修。 ● 一些空間可以展示學齡階段課後托育孩子所完成的作品及他們有興趣的素材。		● 學習和娛樂的活動設備能全面性的經常使用（例如：沙／水箱、木工角或電腦）。 ● 適合單獨使用的物品規定（例如：貼標籤或其他指引）。

說明

8. * 固定設施如：攀爬架、溜滑梯、鞦韆架、籃球架、兒童簡易棒球（T-Ball）桿、跳方格遊戲。

攜帶式的器材設施如：球、球棒、跳繩、泡棉球。

Q（7）大肌肉活動設備是否時常重新設置或變換位置？如果有，多久一次？

9. * 課後安親托育中心的主管單位提供場地給學齡兒童托育中心，場地包含學校、社區中心、學前兒童托育中心及其他；共用設施包括教室、圖書室、體能活動中心、游泳池、電腦教室、遊樂場、會議室、視聽室。

† 預留遊戲空間，主要給課後托育中心使用，讓孩子將材料留在那地方，或將他們的作品展覽在布告欄。或者沒有課後托育時，其他的人也可以使用這些地方。

Q（3）課後安親托育中心是否有其他人未使用的指定遊戲空間？建物中的其他設施是否也可以使用，如：體能活動中心、游泳池或電腦教室？

Q（5）課後安親托育中心使用這些設施頻率如何？使用體能活動中心或電腦教室時，非本課後托育的孩子是否也能同樣使用？

Q（7）哪些區域是孩子每天都可以使用的？

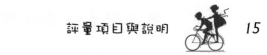

	不適當		最低要求		良好		優良
	1	2	3	4	5	6	7

7. 放鬆和舒適的設備

- 不適當(1)：沒有準備裝上墊子的家具、坐墊或地毯給孩子使用；沒有提供「柔軟舒適」的環境。

- 最低要求(3)：
  - 有一些「柔軟舒適」的環境（例如：遊戲場有地毯或部分裝上墊子的家具給孩子使用）。
  - 柔軟舒適的家具是乾淨的並有良好的修繕（例如：紡織品沒有破洞，枕頭套定期清洗）。

- 良好(5)：完全柔軟舒適的環境給孩子使用（例如：閱讀區的坐墊、音樂區／聽力區的長沙發，及數個鋪設地毯的區域）。

- 優良(7)：計畫中的溫馨區域，和其他區域亦有「柔軟舒適」的環境（例如：客廳設置放鬆區域）。

8. 大肌肉活動設備*

- 不適當(1)：
  - 室內或室外無固定設備。
  - 固定設施沒有修繕或年齡層不合適。
  - 沒有攜帶式的器材設施提供個人或團體的大肌肉遊戲活動。
  - 攜帶式的器材設施沒有修繕（例如：球沒有充氣，球拍破損）。

- 最低要求(3)：
  - 室內或室外有一些合適的固定設施及良好的修繕。
  - 有攜帶式的器材設施提供個人或團體的大肌肉遊戲活動。

- 良好(5)：
  - 提供多種固定設施供使用。
  - 固定設施是堅固的、適合年齡的並發揮多功能的效用。
  - 有多種攜帶式的器材設施提供個人或團體的大肌肉遊戲活動。

- 優良(7)：
  - 部分設施的性質可變性高且具想像力，可經常供教師／職員及孩子們重新組合，以提高活動的趣味性。
  - 不同設施提供技巧程度的變化。
  - 攜帶式的器材設施提供個人或團體的大肌肉遊戲活動，可讓孩子單獨使用。

9. 使用主管單位所提供的場地設施*

- 不適當(1)：課後托育的孩子沒有專屬遊戲空間可使用[†]（例如：空間早一些或晚一些會被其他團體使用）。

- 最低要求(3)：有部分專屬的空間，以及部分共用的設施在其他人未用時方可使用。

- 良好(5)：
  - 有寬廣的專屬場地可以使用。
  - 有些基本設施可安排固定時段使用（例如：每週可使用學校電腦教室或社區游泳池）。

- 優良(7)：有一些可以每天使用的共用設施。

10. 教師／職員個人空間

- 不適當(1)：沒有將教師／職員與孩子的空間做區隔（例如：廁所、休息室、個人儲物櫃沒有分開使用）。

- 最低要求(3)：
  - 區隔開的廁所。
  - 有個人的儲物櫃（例如：共用的儲物櫃）。

- 良好(5)：
  - 教師／職員休息室與孩子的空間區隔。
  - 休息室有成人使用的家具。
  - 寬廣的儲物櫃供教師／職員使用。

- 優良(7)：
  - 休息室有狀況良好的舒適家具。
  - 安全、方便個人使用的儲物櫃。

說明

11. ＊在介紹說明中心時，除了觀察課後安親托育中心的使用空間，也要確定觀察或詢問何處可使用電話，辦公場地、儲藏室、個別討論室及大型會議室的位置。

12. ＊必須撰寫健康守則。

† 與孩子接觸的成人必須遵循此項指標。

Q（3）是否有書面的健康守則？健康守則的涵蓋範圍？教師／職員健康訓練內容為何？

Q（5）是否發給家長書面的健康守則？如何幫孩子餵藥？

Q（7）有關健康問題，教師／職員無法解決時該如何處理？

	不適當		最低要求		良好		優良
	1	2	3	4	5	6	7

11.教師／職員專業需求的空間*
- 沒有電話可使用。
- 沒有檔案櫃或辦公場地。
- 上課時段沒有個別討論室或大型會議室。
- 沒有儲放教具的場地（例如：沒有準備活動用具所需的教具室或教具製作室）。

（最低要求）
- 可方便使用的電話。
- 有檔案櫃及辦公場地可使用（例如：公用與主辦機構的辦公場地）。
- 有個別討論室或大型會議室可事先安排使用。
- 有儲放用具的場地。

（良好）
- 使用寬廣的辦公場地及檔案櫃。
- 有令人滿意的個別討論室或大型會議室可安排使用（例如：預約不困難，隱密性高，提供成人尺寸的家具）。
- 有充裕的儲物間給教師／職員使用。

（優良）
- 有獨立使用的辦公場地。
- 設置與孩子空間有所區隔，獨立舒適便利的個別討論室或大型會議室。

健康與安全

12.健康守則*
- 沒有關於孩子生病如何處理的書面條例。
- 沒有明文規定將排除患有傳染疾病的孩子。
- 沒有孩子的健康記錄。
- 教師／職員[†]沒有兩年內的健康檢查和肺結核檢查報告。

（最低要求）
- 孩子生病隔離並通知家長的書面條例。
- 明文規定處理傳染疾病辦法（例如：包含健康守則中涵蓋排除患有傳染疾病的孩子、復學及通知所有家長）。
- 中心保存每位孩子預防接種記錄及健康資料。
- 教師／職員必須有兩年內的健康檢查和肺結核檢查報告。
- 訓練教師／職員偵測孩子生病、受虐、忽略照顧等徵兆，必要時得報告。

（良好）
- 發給家長書面的健康守則。
- 藥物給予僅限於家長書面同意，並根據藥罐上原始處方告知正確服用方式。

（優良）
- 安排醫療顧問，諸如醫生或護士，處理教師／職員所待詢的健康問題。

說明

13. Q（1、3、5）當孩子在中心期間生病該如何處理？如果教師／職員懷疑孩子被虐待、家庭疏於照顧，中心將如何處置？要怎麼去改善、增進孩子對於健康習慣的觀念？

Q（7）若教師／職員關心孩子身心健康狀況會發生什麼事？

14. ＊緊急事故和安全守則必須有書面資料。

† 本指標要旨在於課後托育若隸屬於學校經營，則課後托育教師／職員需有自己的檔案以及能持續方便使用學校的檔案。

‡ 每年度須更新急救證照。

Q（1、3）你能告訴我有關於你們處理緊急狀況的方法嗎？有書面文件嗎？包含了哪些處理方式？教師／職員有接受安全訓練和正確處理緊急狀況的訓練程序嗎？如果其中有一位人員去處理緊急事務，誰將照顧這群孩子？每一個孩子的緊急狀況資料在何處？緊急狀況資料包含哪些資訊？

Q（5、7）有多少教師／職員必須有急救證照？有包括 CPR 嗎？通常要多久才更新他們的急救證照？是否至少有一個人的急救或 CPR 證照經常在有效日期內？是否有專人負責場地、設施、設備的安全檢查？

	不適當		最低要求		良好		優良
	1	2	3	4	5	6	7
13.保健措施	• 沒有安置病童的地方。 • 沒有照顧病童的教師／職員。 • 孩子發病時，沒有立即聯繫家長。 • 允許孩子們和病童互動。 • 未張貼公告過敏症和其他健康問題的資訊給教師／職員（例如：忽略了餵藥的時間表）。		• 有安置病童的地方，但沒有隔開的房間。 • 同時看顧病童和健康孩子的同一位教師／職員，沒有留意健康預防措施（例如：教師／職員接觸病童後並未洗手）。 • 有為教師／職員張貼過敏症和餵藥時間表。 • 當孩子生病時會聯絡通知家長。 • 教師／職員向有關單位通報疑似受虐／家庭疏忽照顧的個案。		• 出現病兆的孩子立即被隔離在不同的房間。 • 教師／職員照顧病童時會留意健康預防措施。 • 教導孩子們有關於健康衛生習慣的知識（例如：良好的營養、鼓勵養成衛生習慣）。		• 教師／職員提供家長有關孩子的身心健康資訊（例如：有關聽覺或視力、食慾不佳、適應不良、攻擊行為、情緒沮喪等問題）。 • 教師／職員協助家長處理孩子健康的需求（例如：安排相關健康諮詢、健康篩檢等）。
14.緊急事故與安全守則*	• 沒有緊急事故的書面處理程序（例如：如何處理孩子受傷；疏散計畫）。 • 未要求教師／職員接受安全和緊急事故處理程序的訓練。		• 有安全與緊急事故的書面處理程序。 • 全體教師／職員接受安全和緊急事故處理程序的訓練。 • 環境設備通過合格的消防安全檢查。 • 保持兩位教師／職員在場，危急狀況發生時，其中一位能離開處理緊急事故。 • 易於取得每個孩子的緊急事故資料†（例如：緊急醫療照護同意書，孩子父母、醫生和牙醫師的緊急連絡電話號碼）。		• 現場隨時有至少一位人員擁有有效‡急救證照，包含CPR。 • 場地、設施和設備必須做例行性檢查以降低潛在的危機。		• 所有正式的教師／職員必須有包含CPR的有效急救證照。

說明

15. Q（1、3）有特定的緊急疏散程序嗎？有定期做緊急事件疏散程序的練習嗎？多久一次？意外事件發生時會通知家長嗎？

　　Q（5）要如何偵測環境中對安全堪虞的物品？如何讓孩子留意安全規則？

　　Q（7）如何與家長進行安全措施的溝通？

16. *如果學校通知課後安親托育中心孩子缺席一事，家長就不須再另行通知該課後安親托育中心。

　　Q（1、3）對於孩子缺席或遲到，家長應負的責任何在？如果孩子未事先請假你會怎麼做？假使孩子經常遲到，你會如何處理？是否有出缺席記錄？

　　Q（5、7）當孩子要請假，是否有家長留言系統？你是否有收到過這樣的留言？教師／職員和家長如何努力促進正常的出席率？

17. Q（1、3、5）你的離校程序為何？

　　Q（7）孩子如何遵守放學與上下學途中的正確行為規範？

	不適當 1	2	最低要求 3	4	良好 5	6	優良 7
15.安全措施	• 室內安全問題（例如：藥物和危險物品沒有上鎖，沒有安全桿的門）。 • 室外處處是危險（例如：不安全的設施，沒有護欄的遊戲區，攀爬設備下方的地質太硬，玻璃碎片和垃圾堆放在庭院）。 • 沒有電話可使用。 • 沒有定期做緊急逃生的疏散演練。 • 沒有可使用的急救用品。		• 室內、室外無安全的問題。 • 緊急事件發生時有可使用的電話。 • 有張貼緊急事件處理的程序。 • 有妥善保存方便取得的急救用品。 • 電話附近張貼緊急事故電話號碼。 • 每月演練緊急疏散程序。 • 意外事件發生會告知家長。		• 教師／職員有做場地、設施和設備的例行性檢查及降低潛在的危機，並適當處理或清除有安全疑慮的問題。 • 有教導孩子關於安全規則。		• 環境規劃避免發生危害安全的問題（例如：年齡較小和年齡較大的孩子分開遊戲活動；戶外遊樂設施適合不同年齡層的孩子）。 • 與家長分享安全方面的資訊（例如：安全計畫的說明，要求家長監督孩子不帶危險物品到中心）。
16.出席率	• 如果孩子遲到或缺席，家長不被要求通知教師／職員*。 • 無出缺席記錄。 • 教師／職員沒有聯絡家長詢問孩子缺席未事先通知的原因。		• 如果孩子遲到或缺席，家長須通知中心教師／職員*。 • 有做出缺席記錄。 • 教師／職員聯絡家長詢問關於孩子未經通知的缺席或連續遲到的問題。		• 中心設有答錄機、公布欄或其他溝通管道，並設有留言系統以方便家長幫孩子事先請假。 • 教師／職員經常檢查家長的留言。		• 教師／職員和家長討論孩子出席率的問題，共同努力達到良好的出席狀況。
17.離校	• 沒有清楚界定關於離校的程序事項。 • 沒有門禁記錄措施，讓家長隨意進出接送孩子。 • 沒有登記坐校車或自行回家的程序。		• 如果需要帶孩子離開，家長必須要簽字確認，才能帶走孩子。 • 如果家長安排不同的人接送孩子離校時，家長必須告知教師／職員（例如：要由其他家人或計程車來接送時）。 • 教師／職員有登記孩子坐校車或自行回家時離校的程序。		• 只有父母或父母授權的其他人方能接送孩子。 • 若沒有家長的授權證明，孩子是不允許被帶走的。 • 孩子們由教師／職員導護搭乘校車。		• 教師／職員會和孩子商討正確的安全離校與上下學途中的行為態度（例如：不離開座位、使用安全帶、下車能安全穿越街道）。 • 妥善處理孩子離校的事項（例如：教師／職員能主動參與孩子離校程序；當孩子簽退時，父母能承擔離校安全的責任）。

說明

18. ＊如果食物是從家裡帶來的，則中心不必對它的營養價值負責。

    Q（1、3）你如何確定正餐／點心是有營養的？正餐／點心的設計符合美國或加拿大食物指引的需求嗎？食物保存的地點以及儲存方式為何？孩子食物過敏時怎麼處理？

    Q（7）老師會與父母親溝通孩子的飲食習慣以及給予營養的資訊嗎？

19. Q（5）老師是否定期檢查浴室的清潔以及日用必需品，例如：廁所衛生紙、肥皂及紙巾方便取得嗎？

    Q（7）是否提醒孩子不要與人共用梳子、食物、飲料及其他個人物品？

20. ＊材料：水彩筆、蠟筆及鉛筆以供畫畫、蛋彩畫及水彩顏料、膠水、剪刀、黏土、紙黏土及拼貼材料、裝飾、編織、摺紙、飾品製作的材料。

課後托育名稱

孩子出席人數
最多的一次

今日孩子出席數

孩子登記入學年齡

評量者姓名

教師姓名

教師出席人數

日期

評量者職稱

1.室內空間	2. 大肌肉活動空間	3. 隱密空間	4.教室安排	5. 日常托育的設備	6. 學習和休閒活動的設備
1 2 3 4 5 6 7	1 2 3 4 5 6 7	1 2 3 4 5 6 7	1 2 3 4 5 6 7	1 2 3 4 5 6 7	1 2 3 4 5 6 7
			4a.家庭作業		
			1 2 3 4 5 6 7		

7. 放鬆和舒適的設備	8. 大肌肉活動設備	9. 使用主管單位所提供的場地設施	10.教師／職員個人空間	11.教師／職員專業需求的空間	12.健康守則
1 2 3 4 5 6 7	1 2 3 4 5 6 7	1 2 3 4 5 6 7	1 2 3 4 5 6 7	1 2 3 4 5 6 7	1 2 3 4 5 6 7
				總計 空間和設備 項目 1-11	

學齡兒童課後托育環境評量表
Teachers College Press

13.保健措施	14.緊急事故與安全守則	15.安全措施	16.出席率	17.離校	18.正餐／點心
1 2 3 4 5 6 7	1 2 3 4 5 6 7	1 2 3 4 5 6 7	1 2 3 4 5 6 7	1 2 3 4 5 6 7	1 2 3 4 5 6 7

19.個人的衛生習慣	20.美勞活動	21.音樂律動活動	22.積木建構活動	23.戲劇活動	24.語言／閱讀活動
1 2 3 4 5 6 7	1 2 3 4 5 6 7	1 2 3 4 5 6 7	1 2 3 4 5 6 7	1 2 3 4 5 6 7	1 2 3 4 5 6 7
總計 健康與安全 項目 12-19					

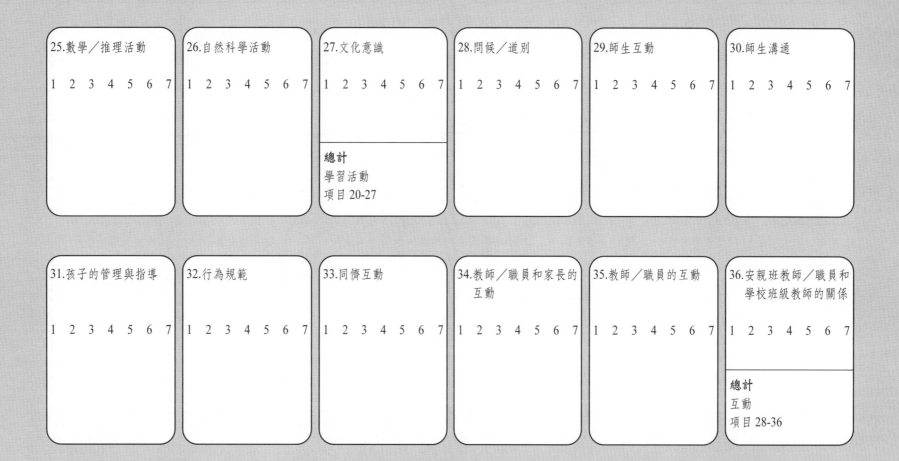

25.數學／推理活動

1 2 3 4 5 6 7

26.自然科學活動

1 2 3 4 5 6 7

27.文化意識

1 2 3 4 5 6 7

總計
學習活動
項目 20-27

28.問候／道別

1 2 3 4 5 6 7

29.師生互動

1 2 3 4 5 6 7

30.師生溝通

1 2 3 4 5 6 7

31.孩子的管理與指導

1 2 3 4 5 6 7

32.行為規範

1 2 3 4 5 6 7

33.同儕互動

1 2 3 4 5 6 7

34.教師／職員和家長的
　　互動

1 2 3 4 5 6 7

35.教師／職員的互動

1 2 3 4 5 6 7

36.安親班教師／職員和
　　學校班級教師的關係

1 2 3 4 5 6 7

總計
互動
項目 28-36

學齡兒童課後托育環境評量表
Teachers College Press

37.課程表

1　2　3　4　5　6　7

38.自由選擇

1　2　3　4　5　6　7

39.教師／職員與主管單
　位的行政關係

1　2　3　4　5　6　7

40.使用社區資源

1　2　3　4　5　6　7

總計
課程結構
項目 37-40

41.專業成長的機會

1　2　3　4　5　6　7

42.教師／職員會議

1　2　3　4　5　6　7

43.教師／職員的督
　導與評量

1　2　3　4　5　6　7

總計
教師／職員成長發展
項目 41-43

44.關照特殊兒童

1　2　3　4　5　6　7

45.個別差異

1　2　3　4　5　6　7

46.多元化的學習和
　練習技巧的機會

1　2　3　4　5　6　7

47.參與投入

1　2　3　4　5　6　7

48.同儕互動

1　2　3　4　5　6　7

49.促進溝通交流

1　2　3　4　5　6　7

總計
特殊需求補充項目
項目 44-49

SACERS 總得分
（項目 1-43）　＿＿＿＿＿＿

學齡兒童課後托育環境評量表
Teachers College Press

	不適當 1	2	最低要求 3	4	良好 5	6	優良 7
18.正餐／點心	• 正餐／點心未能在適當的時間供應給孩子（例如：不規律或不知變通的供餐時間表）。 • 正餐／點心的營養價值令人質疑*（例如：未依據美國營養研究中心或加拿大食品營養標準）。 • 沒有提供適當的食物儲存方式。 • 沒有符合飲食衛生的服務（例如：孩子在地板上或骯髒的桌子上吃東西）。		• 正餐／點心照正常的時間表供應。 • 適當的食物儲存方式。 • 正餐／點心的營養價值符合美國營養研究中心或加拿大食品營養標準。 • 中心在食物的準備上能考慮到孩子對食物的過敏性及對部分食物的限制。 • 在符合衛生的條件下進食。 • 餐點食譜公告家長。		• 教師／職員在供應餐點時與孩子同桌用餐，並盡量營造愉悅的社交情境。 • 小組在餐桌上的輕聲交談是可允許的。 • 能夠提供孩子足夠的食物（例如：續餐；如果孩子忘記從家裡帶來的食物，應提供補充食物；一天結束前，須提供孩子額外的餐點）。		• 把用正餐／點心的時間當成是一種學習經驗及討論（例如：包括孩子參與備製食物、烹調，和上菜的程序；和孩子一起討論他們的喜好以及生活上的點滴；並分享食物的營養價值）。 • 與家長分享食品營養的資訊以及孩子進食的習慣。
19.個人的衛生習慣	• 教師／職員或孩子很少注意個人的衛生習慣（例如：在用餐前、如廁後或擤鼻涕後不洗手）。 • 衛生紙、紙巾、肥皂和水不易取得。 • 廁所不乾淨。		• 稍微注意到個人的衛生習慣。 • 提供衛生紙、紙巾、肥皂和水。 • 廁所是乾淨的（例如：使用過後的衛生紙或紙巾能夠丟在垃圾筒、便後沖馬桶）。		• 能夠養成在吃飯前，或髒亂的活動、課外玩耍和如廁後洗手的習慣。 • 教師／職員能夠定期的確認廁所的清潔以及衛生紙等的供應。		• 個人的衛生習慣是教育計畫的一部分，以培養孩子好的健康習慣。 • 孩子使用自己的牙刷以及能夠在飯後刷牙。 • 教導孩子不要共用個人用品，如梳子，或食物和飲料。

學習活動

	不適當 1	2	最低要求 3	4	良好 5	6	優良 7
20.美勞活動*	• 自由選擇活動時不易取得美勞用品。 • 僵化使用教材（例如：多數學習是以老師指導為中心）。		• 有一些供每天自由選擇的材料。 • 教具材料在良好適用狀態（例如：水彩筆不至於乾硬掉，黏土柔軟可以使用）。 • 教師／職員在必要的時候可以提供協助。		• 每天的自由活動可以選擇多樣式的材料。 • 鼓勵孩子做自我表達以及自由選擇。 • 極少數的活動需孩子模仿範例。		• 讓孩子有機會學習新的技能，並完成長期的目標（例如：雕刻、陶藝或刺繡）。
21.音樂律動活動	• 沒有提供音樂律動的活動（例如：沒有錄音機、錄音帶或是樂器）。		• 每週會有一些音樂活動（例如：播放音樂或是使用樂器）。		• 由孩子自由選擇參與音樂活動（例如：聽錄音帶或 CD、舞蹈）。 • 提供孩子多種錄音帶、舞蹈用小道具，或是樂器。		• 每週提供個人或是團體音樂律動活動（例如：演奏樂器、合唱或是舞蹈）。

說明

22. *材料：多種類的形狀及大小不同的積木、樂高、林肯造屋原木塊、麥卡諾金屬模型組裝各式交通工具；木工工具和補充品。

23. *材料：扮演性服裝、戲服、小道具、玩偶。

24. *材料：書籍、字典、百科全書、故事錄音帶／CD、圖片賓果遊戲、其他一些圖片卡遊戲和語言遊戲，例如圖畫書、填字遊戲、拼字遊戲。
    Q（7）去圖書館（不管是學校或是社區圖書館）是否為活動的一部分？多久去一次圖書館？孩子是否從家裡帶書到中心做團討分享？教師／職員是否定期的幫助孩子寫下他們創作的故事、詩詞和新聞？

25. *材料：
    給幼稚園的孩子——拼圖、數字遊戲、骨牌、棋盤益智遊戲（board games，例如：蛇梯棋盤）。
    給一年級及一年級以上的孩子——西洋棋等棋類遊戲、棋盤益智遊戲（例如：戰略棋盤、大富翁）。

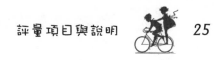

	不適當		最低要求		良好		優良
	1	2	3	4	5	6	7

22.積木建構活動*

- 沒有提供任何建構的教材。
- 沒有提供孩子任何空間做建構類的活動。

- 每週提供一些建構性的教材讓孩子自由選擇。
- 有適當的空間讓孩子使用教材。
- 建構教材有良好的修繕。

- 每天提供一些建構性教材。
- 足夠的教材供應三個或三個以上的孩子同時使用。

- 每天提供易於取得的多元建構教材。
- 提供適合各種年齡、具功能性的木工工具及軟木材料，以供建構性活動。

23.戲劇活動*

- 沒有提供任何扮演或戲劇的材料。
- 教師／職員不支持也不鼓勵孩子扮演。

- 提供一些扮演和戲劇使用的小道具。
- 教師／職員對戲劇活動有些許的支持。

- 變化多樣的小道具提供不一樣的角色或情境（工作、冒險或是幻想）。
- 教師／職員提供孩子建議，尋找適合的場地讓孩子繼續延伸戲劇表演活動。

- 運用照片、故事、旅遊經驗去拓展戲劇表演的創意。
- 提供孩子發展戲劇表演創作的機會（例如：製作戲服、寫劇本對話、計畫演出）。

24.語言／閱讀活動*

- 沒有提供可增進孩子語言／閱讀技巧的教材。

- 提供一些可增進孩子語言發展／閱讀技巧的教材（例如：書籍、故事錄音帶／CD和語言遊戲）。
- 每週讀適合孩子年齡的圖書或說故事（例如：用法蘭絨板說故事，為孩子分期讀故事書）。

- 每天提供多種類書籍，以及適合不同年齡層的語言遊戲（例如：初級拼字遊戲、猜猜畫畫 Pictionary）。
- 進行語言遊戲時，老師在適當的時機會參與分享或回應（例如：詩詞押韻遊戲，或是和孩子一同玩語言遊戲）。
- 鼓勵孩子在日常生活中，練習使用閱讀及寫作的技巧（例如：閱讀遊戲的說明書，寫信給朋友們）。

- 每週教師／職員帶領孩子到圖書館借書。
- 鼓勵孩子從家裡帶自己最喜歡的書籍，到學校來和同學們分享。
- 教師／職員可以幫忙孩子寫下他們自己創造的故事、詩詞和報紙。

25.數學／推理活動*

- 沒有適合不同年齡層孩子的數學／推理遊戲或活動。

- 每天提供一些不同年齡層的數學／推理遊戲或活動。
- 當孩子有問題時，教師／職員會給予協助。

- 每天有不同種類、適合各種年齡層的數學／推理遊戲和活動供孩子自由選擇。
- 在每天的活動中，教師／職員鼓勵孩子練習數學／推理技巧活動（例如：用餐前擺上正確數量的碗盤、分點心、計算遊戲的分數）。

- 當孩子預備好時，引導他們向數學／推理遊戲挑戰難題。
- 鼓勵經驗較豐富的孩子教導其他孩子新的遊戲。

說明

26. *設備和材料：水族箱、栽培植物的玻璃缸、測量工具、放大鏡、磁鐵、植物和寵物、科學書籍。

27. （Q）7 你們用什麼方式開拓孩子對不同文化的欣賞能力？你們會慶祝任何節日嗎？如果有，請問是哪些呢？

28. *從到校寒暄到離校道別都屬於課程計畫中很重要的部分，如果可能的話，觀察應該納入這兩項。
†如果課後安親托育中心和學校班級使用相同或鄰近的場地，則不需要考慮接送。
如果不是在到校寒暄到離校道別的時間進行觀察，或只能夠觀察到其中一項，請閱讀以下的範例。
Q（1、3、5）因為我無法觀察到校（離校），能請你告訴我會處理哪些工作嗎？教師／職員如何安排到校和離校？是否一年級孩子或更小的孩子會被導護到中心？
Q（7）教師／職員是否有機會和家長及其他照顧者在到校及離校時交談？

	不適當		最低要求		良好		優良
	1	2	3	4	5	6	7

26. 自然科學活動*

不適當（1）
- 沒有提供自然科學活動相關的教材或設備。
- 中心課程沒有規劃自然科學方面的活動。

最低要求（3）
- 提供一些自然科學相關的教材與設備（例如：桌上陳列一些自然科學的成果作品；中心內栽植植物或豢養小動物）。

良好（5）
- 每天準備不同的自然科學教材。
- 孩子們參與自然科學活動（例如：幫忙餵食小動物，或為植物澆水，鼓勵展示自然科學的作品）。
- 教師／職員鼓勵孩子對科學或自然現象提出質疑，並協助尋求解答。

優良（7）
- 教師／職員拓展孩子們對自然科學的興趣，並介紹新觀念（例如：資源回收，水資源的維護，瀕臨滅絕的物種）。
- 中心規劃與自然、科學及環境相關的戶外教學，以提升孩子學習的興趣（例如：參訪天文台、科學博物館與植物園）。

27. 文化意識

不適當（1）
- 沒有提供不同人種、語言、性別角色、文化及族裔的教材（例如：所有文字資料討論的是單一文化，所有圖片顯現的是單一族群，所有語文教材僅使用一種語文，而雙語是被禁止的）。
- 教師／職員對孩童表現出偏見或固有成見的態度。

最低要求（3）
- 提供一些顯而易見的不同人種、語言、性別角色，及不同族裔教材（例如：多元文化的書籍，不同國家或族裔的圖片，在使用雙語的社區內，有多於一種語文的圖書）。
- 教師／職員對孩童不會表現出偏見或固有成見的態度。

良好（5）
- 許多顯而易見的多元文化教材反應出人的多樣性。
- 無性別歧視的書籍（例如：圖片與書籍描述兩性非傳統的角色）。
- 教師／職員鼓勵無性別偏見的活動（例如：鼓勵女生做木工工作，鼓勵男生參與烹飪）。

優良（7）
- 教師／職員規劃拓展孩子文化意識的活動（例如：邀請不同文化的音樂家與說書人；慶祝不同文化及不同宗教的節日）。
- 教師／職員鼓勵接納與了解差異性（例如：不支持貶損他人的言論；讓孩子了解並強調偏頗的言論會傷害到他人的感情）。

互動

28. 問候／道別*

不適當（1）
- 幼童（幼稚園至小一）無人接送†至中心。
- 經常忽略了孩子的到校寒暄。
- 沒有規劃讓下午放學後才到中心的孩子融入進行中的活動（例如：年長的孩子會比幼稚園的孩子晚到而影響到進行中的活動）。

最低要求（3）
- 幼稚園的幼兒有人接送至中心。
- 孩子到校與離校的點名並沒有貫徹執行（例如：並不是所有孩子的到校或離校都會被確認）。

良好（5）
- 幼童（幼稚園至小一）有人接送至中心。
- 對所有孩子熱情的寒暄，與有系統的離校，都是中心規劃好的工作。
- 教師／職員擔負孩子到校寒暄、融入活動與離校的責任（例如：到校時的寒暄，介紹中心當天的活動）。

優良（7）
- 教師／職員將到校與／或離校規劃成與家長或照顧者做資訊分享的溫馨時段。

說明

31. Q（7）有任何人指導孩子團體運動教學嗎？有什麼活動是教師／職員需要協助孩子發展技能的？

	不適當 1	2	最低要求 3	4	良好 5	6	優良 7
29.師生互動	• 教師／職員對孩子沒有反應或沒有融入（例如：忽略或拒絕孩子）。 • 不愉快的互動（例如：聲調是緊張焦慮的）。		• 教師／職員的反應不一致（例如：對孩子有時是溫馨的，有時是冷淡的）。 • 教師／職員偏愛或討厭特定的孩子。		• 教師／職員經常用溫馨支持的態度對待孩子（例如：教師／職員與孩子之間顯得很輕鬆，聲調愉悅，經常保持微笑）。 • 教師／職員對孩子表現尊重（例如：傾聽、公平對待、沒有歧視）。		• 教師／職員支持自動自發的孩子（例如：尊重孩子的選擇和活動）。 • 教師／職員和孩子彼此尊重。
30.師生溝通	• 教師／職員與孩子的溝通主要是控制孩子的行為和常規。 • 不鼓勵孩子說話。		• 教師／職員引發簡短的話題（例如：詢問回答為是或不是的問題，雙方對話有限）。 • 教師／職員對孩子引發的對話和問題，反應有限。		• 教師／職員與孩子經常對話。 • 鼓勵師生輪流對話（例如：教師／職員注意傾聽和回話）。 • 語言基本上是用來和孩子交換訊息和社交活動。 • 對於冗長和複雜的回覆，教職人員要再問孩子：為什麼？如何？像什麼？		• 教師／職員努力和每一位孩子對話（例如：傾聽孩子在校的作息生活點滴，包括遇到的困難和成功）。 • 教師／職員對孩子提出的想法給予口頭的建議（例如：加入訊息、提出問題以鼓勵孩子更進一步的思索）。
31.孩子的管理與指導	• 孩子遊戲或學習的區域內，沒有管理與監督。		• 孩子遊戲或學習的區域內，特別是在潛在危險區域（例如：戶外活動、攀爬設備、木工區），有一些管理與監督。		• 細心管理與監督不同年齡和能力的孩子（例如：較小的年紀需要密切的監督管理）。 • 當孩子需要時，給予幫助和鼓勵（例如：示範使用新的設備）。 • 教師／職員欣賞孩子的努力和成果。		• 教師／職員給予孩子有關他們遊戲的建議，和協助他們拓展遊戲的活動。 • 在一些需要成人引導的活動中，教師／職員可以擔任團隊運動的教練工作。

說明

32. Q（7）家長知道你制定的行為規範嗎？這個規範是如何訂定的？如果其中有個孩子有行為上的問題，你要如何得到幫助？

34. *提供給家長的資源：親職手冊、電子報、公布欄、家長晤談、親職座談會、家長可運用的資源等。

Q（3、5）你如何告知家長你的中心運作概況？你提供他們什麼樣的資訊呢？有機會讓家長參與中心運作嗎？你可以描述一下這些給家長的參與機會嗎？每一位孩子的父母都有個別的晤談機會嗎？

Q（7）你有無提供家長類似健康照護、運動或是鄉土文化等相關資訊？在中心的運作過程中，家長可以幫忙做決策嗎？例如，家長是否為決策小組的成員？家長的回饋是否在中心運作裡具有影響力？

	不適當 1	2	最低要求 3	4	良好 5	6	優良 7
32.行為規範	• 安親班裡沒有針對行為規範的指導方針。 • 對於孩子年齡和發展的層次有不適當的行為期待。 • 行為規範不是太嚴厲，就是太鬆散。 • 使用嚴峻的行為規範（例如：體罰、叫罵、禁食、長時間限制孩子）。		• 安親班有明文規定從不使用嚴厲的行為規範。 • 對每個年齡層有適當的行為期待。 • 教師／職員從不使用嚴厲的行為規範。 • 教師／職員經常維持足夠的控制力去阻止孩子傷害他人。		• 教師／職員有效地使用不具懲罰性的行為規範（例如：對孩子正面行為的關注，多於負面的行為；指導孩子從不能接受的行為改為可為人接受的活動）。		• 以書面的方式將安親班的行為規範通知家長。 • 教師／職員能從專業顧問身上獲得關於行為問題的建議。
33.同儕互動	• 幾乎沒有正向積極的同儕互動（例如：嘲笑、爭吵、打架是很常見的）。 • 幾乎沒有教師／職員指導正向積極的同儕互動。 • 不鼓勵同儕互動（例如：和同儕說話是不被鼓勵的）。		• 教師／職員會處理負面的同儕互動（例如：阻止嘲笑、爭吵、打架）。 • 鼓勵同儕互動（例如：允許孩子們自由行動而自然形成小團體，以產生互動）。		• 同儕互動經常是正向積極的（例如：合作、分享，孩子們常能和樂的玩耍）。 • 教師／職員能示範好的社會行為技巧（例如：鎮靜、傾聽和同理心）。 • 教師／職員幫助孩子在同儕間發展適當的社會行為（例如：教師／職員幫助孩子處理社會性衝突）。		• 孩子能展現良好的社會性問題解決技巧，和正向積極的社會行為（例如：能夠協商解決辦法，妥協，朝向相同的目標一起工作，表現同理心）。 • 教師／職員做一個能傾聽和提供孩子問題解決技巧的對象。
34.教師／職員和家長的互動*	• 家長和教師／職員之間沒有資訊的分享。		• 家長和教師／職員分享極少的資訊（例如：分享的資訊僅止於常規、學費、出席時間表等）。 • 應教師／職員或是家長的要求才有親職晤談。 • 嘗試著請家長加入安親班的運作。		• 讓家長充分留意安親班的規定與活動（例如：手冊、關於活動的資訊刊物、親職座談會）。 • 定期舉辦親職座談會。 • 家長受邀為安親班的一分子（例如：家長和孩子們分享家族習俗）。		• 提供教養孩子、健康照護、運動和鄉土文化活動的資訊。 • 家長具參與決策的角色（例如：家長委員會代表、每年的安親班評估、安親班的運作有家長的意見參與）。

說明

35. Q（3、5、7）有時間讓教師／職員彼此討論安親班中孩子的問題嗎？有時間去做計畫嗎？多久一次呢？責任和工作的分擔是公平的嗎？每個人的職責都有詳細說明嗎？安親班如何促進教師／職員間正面積極的互動？

36. Q（3、5、7）照顧孩子的教師／職員有和孩子學校的班級教師溝通嗎？若有，是如何溝通的呢？

37. Q（3）孩子每天都有規劃充分的大肌肉活動嗎？
　　Q（5）教師／職員可以在他們的課程表上自己做些改變嗎？
　　Q（7）你的安親班有戶外教學和特別活動的規劃嗎？

	不適當		最低要求		良好		優良
	1	2	3	4	5	6	7

35.教師／職員的互動

- 在滿足孩子需求這方面的必要資訊，教師／職員間並沒有做溝通（例如：沒有傳達孩子早退的訊息）。
- 人際關係干擾照護責任（例如：教師／職員在照顧孩子時聊天，或是彼此間以粗暴及生氣的態度互動）。
- 教師／職員的職責分配不均（例如：一位教師／職員要處理大部分的任務，而另一位夥伴並沒有相對地參與）。

- 傳達一些滿足孩子需求的資訊（例如：教師／職員間通告家長留下的健康資訊）。
- 教師／職員之間的人際互動沒有干擾照護職責。
- 教師／職員的職責分配很公平。

- 教師／職員間每天都會討論孩子的相關訊息（例如：關於學習生活遊戲類的資訊）。
- 規劃時間讓教師／職員之間進行溝通。
- 教師／職員的互動是正向積極的，且具有一種溫暖和支持的感覺。
- 職責分配恰當，因此教師／職員能順利的進行活動和處理問題。

- 相同的團隊或是在相同的教室一起工作的教師／職員，至少每兩週要聚會一次。
- 每位教師／職員的職責界定明確（每位都有具體的任務）。
- 課程可以提升教師／職員之間正向積極的互動（例如：藉著籌劃舉辦聯誼活動；藉著鼓勵團體參加專業性會議）。

36.安親班教師／職員和學校班級教師的關係

- 課後安親托育中心的教師／職員和孩子的班級教師未針對孩子和課程進行溝通。

- 中心的教師／職員和孩子的班級教師關於孩子和（或）課程的問題有一些溝通。

- 中心的教師／職員和班級教師之間有例行的溝通。

- 中心的教師／職員和班級教師相互合作，以滿足孩子的需求。

課程結構

37.課程表

- 孩子不熟悉每日的基本作息。
- 課程表不是太僵化，導致沒有時間讓孩子做自己有興趣的事，要不然就是失序的混亂。

- 孩子熟悉每日的基本作息（例如：到達時間、點心時間、日常作息活動流程等）。
- 將課程表公布在中心裡。
- 每日至少規劃一個室內和一個室外的活動（若天氣允許）。
- 每日規劃一些室內或室外的大肌肉活動時間。

- 課程表具彈性（例如：天氣好的時候，戶外活動時間較長）。
- 每天都有安排幾個能滿足不同年齡孩子的活動。
- 在相同的時間裡進行多樣化的活動，有些活動是事先規劃的，有些是自發性的活動。
- 整年度每天固定安排戶外（若天氣許可），或室內大肌肉活動時間。

- 活動之間有流暢的轉換（例如：在現行的活動結束之前，下一個活動所需的材料已準備妥當）。
- 有規劃戶外教學和特別的活動（例如：中心可以參與社區的特殊重大活動）。

說明

38. *允許孩子選擇材料、同伴，盡可能獨立的遊戲。成人的互動是因應孩子的需求。

    Q（7）有提供符合孩子興趣的新材料嗎？

39. *此項的目的，授予安親班做決策的權責。如果安親班歸屬於兒童托育中心，可能就沒有安親班的主任，但應該要有一位參與決策能影響課後安親托育計畫的人。

    Q（1、3、5、7）關於課後安親托育計畫的主要行政決策是如何決定的？誰做出決策？

40. *社區資源包括公園、操場、游泳池、圖書館、博物館。

    Q（1、3、5、7）你使用了哪些社區設施？你如何為中心以外的戶外教學活動做準備？

	不適當 1	2	最低要求 3	4	良好 5	6	優良 7
38.自由選擇*	• 課表中沒有自由選擇的機會（例如：不允許孩子選擇材料、活動或在自行選擇的團體裡玩耍）。		• 課表中有一些自由選擇的機會（例如：至少同時有兩項活動可以選擇）。 • 孩子自由決定要不要參與活動（例如：孩子可以選擇獨處、和幾個朋友進行社交性活動，或者休息）。		• 大多數的時候，有多種適合孩子年齡的遊戲、材料和活動可供孩子選擇。 • 孩子可以選擇自己的同伴。 • 提供個人活動、小團體活動和大團體活動機會。		• 鼓勵孩子發展、擴展自己有興趣的活動。 • 因應孩子的興趣，定期增添新材料，增加選擇性。
39.教師／職員與主管單位的行政關係*	• 教師／職員不參與主要的行政決策（例如：由學校、校長或董事會訂立預算、聘任和計畫決策）。		• 主任／安親班重要教師／職員參與和中心相關的一些行政決策。		• 主任／重要教師／職員負責中心的行政（例如：預算、課程內容、人員聘雇）。		• 主任／重要教師／職員定期與主管單位開會，以解決困難、擬定計畫（例如：和學校校長、YMCA主任開會）。
40.使用社區資源*	• 未使用社區資源。		• 使用一些社區資源（例如：使用公園或遊戲場）。 • 中心以外的所有戶外教學，均取得家長同意。 • 進行戶外教學活動之前，向孩子說明行為規範與安全守則。		• 定期安排使用社區的休閒與文化資源。 • 有足夠的成人參與督導（例如：在戶外教學活動中，家長和志工加入中心的教師／職員）。 • 仔細規劃特殊的戶外教學活動，達到成功的旅遊經驗（例如：查證博物館開館的時間、交通安排要做確認）。		• 事前準備，以提高戶外教學的價值（例如：孩子和教師／職員閱讀、討論背景資料，使戶外教學活動更有意義）。 • 在計畫戶外教學活動時，也將孩子的興趣納入考量。

說明   41. Q（1、3、5）新進教師／職員的講習介紹包括了哪些？有在職訓練嗎？多久訓練一次？訓練包括了什麼內容？

                Q（7）參加研討會或課程有提供經費補助嗎？

42. Q（1、3、5、7）有教師／職員會議嗎？多久一次？討論些什麼？

43. Q（1、3、5、7）多久督導教師／職員一次？如何就教師／職員的工作表現提供回饋給他們？有自我評量的機會嗎？教師／職員可從督導者那裡尋求協助嗎？

不適當		最低要求		良好		優良
1	2	3	4	5	6	7

教師／職員成長發展

41.專業成長的機會

- 沒有提供教師／職員職前講習或在職訓練。

- 對新進教師／職員提供一些講習，包括：緊急事件、安全和健康程序。
- 提供一些在職訓練。

- 提供新進教師／職員完善的職前講習，包括與兒童及家長的互動、管教的方法、適當的活動。
- 定期在職場提供在職訓練（例如：來賓演講、影片、錄影帶）。
- 中心內備有一些專業的資源材料（例如：書籍、雜誌，或其他有關兒童發展和課後安親托育活動的資料）。

- 主任／計畫主持人或教師／職員可取得參與課程、研討會或研習會的費用贊助（例如：參加研習時間、旅程費用、研討會費用）。
- 有良好的專業圖書館，內有目前課後安親托育科目為前提的多種書籍。

42.教師／職員會議

- 沒有教師／職員會議。

- 至少每三個月召開一次教師／職員會議，提出行政關切事項。

- 每月定期的教師／職員會議，包括教師／職員成長發展活動。

- 教師／職員會議包括讓教師／職員互相分享新的專業理念及教材的機會。

43.教師／職員的督導與評量

- 沒有提供教師／職員督導。
- 對教師／職員表現沒有回饋或評量。

- 為教師／職員提供一些督導（例如：主任會非正式考察，有抱怨時才會訪察）。
- 對教師／職員的表現提供一些回饋。

- 每年督導訪察。
- 提供教師／職員書面評量。

- 教師／職員參與自我評量。
- 教師／職員可向督導者尋求協助與輔導。

說明

44. * 特殊兒童是指其身心及感情方面的需求，無法僅以一般性課程滿足的孩子。
   † 調整：
   - 在環境方面，如坡道或洗手間內加裝扶手。
   - 在課程方面，包括特別的教材、設備、支持性服務的使用，及個別課程計畫。
   - 在課程表方面，包括時間縮短和可以選擇替代的活動。

45. * 教師／職員能根據每一個孩子的需求和能力，修正其目標、活動、需要協助的程度和加強等範圍。

46. * 教師／職員在孩子學習過程中，提供多元化的機會學習和練習同樣的技巧，以及提供這些多元化機會呈現的方法。

不適當		最低要求		良好		優良
1	2	3	4	5	6	7

特殊需求補充項目

44 至 49 項通常在孩子特別需要協助時加入，
為了正確運用這些項目，資料僅適用於個別孩子的特殊需求。

	1	3	5	7
44.關照特殊兒童*	• 未針對特殊兒童的環境、課程或作息做調整†。 • 勉強接受特別需要協助的孩子。 • 未嘗試去評估孩子的需求或未找出可行的評估方式。	• 稍微調整環境、課程或作息，讓特殊兒童參加（例如：如果不能參加團體活動，允許特殊兒童單獨玩）。 • 嘗試找出孩子的需求或找出可行的評估方式。	• 教師／職員擁有現成可用的評量或依孩子的需要而請求評量。 • 教師／職員依據評估的資料修正環境、課程和作息，讓特殊孩子可以參與許多活動。	• 有特教專家為特殊兒童定期做諮商並訂定個案計畫。 • 教師／職員依照特教專家針對活動和相關事項所提出的建議，去協助孩子達到學習目標。
45.個別差異*	• 缺少個別差異（例如：所有的孩子都參與相同的活動、課程計畫、環境和流程）。 • 孩子常無法達成目標或不能參與進行中的活動。	• 稍有提供特別需要（例如：特殊需求兒童的如廁時段會有所區隔）。 • 教師／職員將一些活動稍作修改，使孩子可以融入。	• 提供很多個別化的遊戲和日常活動。 • 孩子成功的參與挑戰能力適當的任務和活動。 • 在日常課程中增設一對一或小團體活動給特殊兒童。	• 將特殊需求兒童的學習目標融入自由遊戲和計畫的活動中。 • 教師／職員透過與孩子互動，教室安排，教具教材和作息的調整，以符合孩子的需要（例如，在玩具架上用凸字的圖片標籤，有助於視覺能力較差的孩子使用；教師／職員佐以手勢，可以讓聽障的孩子全程參與活動）。 • 透過環境的改變、適當的活動和教學策略可激勵獨立的能力。
46.多元化的學習和練習技巧的機會*	• 教師／職員沒有提供重複學習和練習的機會，使孩子達到學習目標。	• 通常教師／職員會提供一些學習和練習的機會。在特殊活動中，讓孩子獨自活動。	• 有重複學習和練習的機會。 • 舉一些在日常生活中自然發生的技巧為練習的例子。	• 常利用生活中自然發生的事物，達到加強學習的目標。

說明

47. ＊關於孩子主動和適當的參與教材、人或活動之程度。

48. ＊教師／職員以鼓勵及示範的方式，創造同儕間互動的機會，以增進同儕間的人際關係。

49. ＊指成人運用身教來引導孩子們做人際溝通，他們會回應孩子們對溝通所做的嘗試，也會更進一步協助孩子使用溝通技巧。

不適當		最低要求		良好		優良
1	2	3	4	5	6	7

47.參與投入*
- 極少適當的參與（例如：花太多時間等待行為不當或閒晃的孩子或教師／職員）。

最低要求:
- 在教師／職員指導的活動中，有一些適當的參與（例如：孩子專注於小組工作）。
- 在日常作息及遊戲時間有一些適當的參與。

良好:
- 教師／職員指導的日常活動、作息及遊戲時間，孩子有較多適當的參與。
- 教師／職員和孩子互動，並提供具吸引力、發展性的適當教材，以維持孩子積極的參與（例如：教師／職員指導閒晃的孩子到具有吸引力的遊戲區，幫活動不便的孩子轉換活動）。

優良:
- 在活動、日常作息、遊戲時間的轉換時段做妥善安排，以維持孩子的參與（例如：孩子能繼續遊戲直到下一個活動就緒）。
- 提供多樣化的活動，讓孩子獨立地或在小團體中使用（例如：孩子在對故事失去興趣時，可以被允許玩樂高積木）。

48.同儕互動*
- 教師／職員未嘗試促進同儕間的人際互動。
- 無同儕互動產生。

最低要求:
- 偶爾提供幫助以促進同儕人際互動，大部分是特殊活動時，而非在一般活動進行時（例如：在小團體特殊活動中要求物品傳遞，而不是發生在午餐時間）。

良好:
- 在計畫好的團體時間中，提供許多機會以促進同儕人際互動（例如：在故事時間給孩子機會回答問題；幫助其他的孩子擺設餐具）。
- 在自由選擇的活動中鼓勵一些同儕人際互動。

優良:
- 在自由選擇的活動中，提供許多機會以促進同儕人際互動。
- 在整天的活動中，經常協助特殊孩子做適當的同儕人際互動。

49.促進溝通交流*
- 教師／職員並未鼓勵孩子溝通交流（例如：不問問題、忽略孩子溝通交流的企圖）。
- 對孩子的溝通基本上是給予指令。
- 教師／職員並未因孩子的特殊狀況，提供孩子所需要的溝通方式（例如：講話時沒有面對著重聽的孩子，對不能講話的孩子未提供溝通板或使用手語）。

最低要求:
- 在結構性的活動中，教師／職員提供一些溝通交流的機會，在必要時使用可以選擇的溝通方式（例如：在點心時間使用溝通板）。
- 教師／職員偶爾在結構性活動之外鼓勵孩子溝通交流。

良好:
- 教師／職員調整話語到孩子能懂的程度。
- 用許多社會性的談話及資訊的分享與孩子做交流。
- 教師／職員提問發展上適宜的問題且注意孩子的回答。
- 全天候運用多樣性的溝通交流選擇。
- 教師／職員讓其他的孩子參與和特殊需求的孩子做溝通交流。

優良:
- 教師／職員經常促進孩子的溝通交流（例如：對正在進行的活動做口語的描述，擴大孩子的談話內容，促使或示範溝通，增強孩子溝通交流的意願）。
- 教師／職員整天透過日常作息和活動，讓孩子達到適當的溝通交流的目標。

SACERS 訓練綱領

選定下述訓練活動的 SACERS 學員，透過設計的適當訓練順序，滿足他們的各種需求。訓練活動 1. 至 5. 包含所有評分表使用者需要的基本資訊與技巧。訓練活動 6. 至 8. 為外部觀察員所需，亦即，除教師／職員以外的任何觀察者，其中包括課程主管、核照人員及研究人員。訓練活動 9. 以課程督導以及研究人員為需要接受訓練者，以達到課程所需要的評分者間信度水平。

準備使用評量表

1. 放映有關課後安親托育課程幻燈片或影片，以確保學員們對高品質課後安親托育的意義有共同的見解。如果無法做到，描述一些典型的安親托育型態與主要問題，並讓學員們討論之。

2. 提出 SACERS 的四十九個項目。

   • 讓學員翻閱第 9 頁的項目表，查看該主題所涵蓋的範圍。指出特殊需求項目，只有在團體中有特殊兒童時才用得到。

   • 選出一個學員們感興趣的項目，並翻到表中的該項目頁次。請注意該項目是如何在 1、3、5 及 7 的說明中被設為 7 分量表。

3. 讓學員們兩人一組，進行第 45 頁的隨意安排的訓練活動。留時間讓他們討論該計分中品質程度的觀念。此種活動有助於學員學習仔細閱讀。這個項目的解答在第 46 頁。

4. 檢查評分的規則（第 5 至 7 頁 SACERS 的使用說明編號 2.）。

5. 讓學員們兩人一組，閱讀第 45 頁的例題後，為第 37 項（課程表）評分。範例描述觀察中可能發現什麼，這個活動的目的是讓學員們從練習中為一個項目評分。為了讓成組的學員都能同時看到範例以及項目的內容，建議其中一位翻頁到該項目，而另一位則翻頁到範例。在學員們決定分數後，讓他們說出理由。範例的解答在第 46 頁。

6. 討論第 6-7 頁中提問的準則，並讓學員們完成提問的活動。這些活動只有外部觀察員才需要，他們將必須與主管或班級教師／職員訪談，以完成 SACERS 的評分工作。

為練習提問，讓學員們以二到三位為一組工作。指定一位擔任觀察員，其他則擔任教師／職員。由評量表中選出項目，供學員們用來提出問題。請學員們先查閱說明，看是否有該項目的範例問題。學員們應先使用該範例問題，看他們是否能取得所需要的資訊。如不能時，他們應設計些探討性的問題，以取得所需之特定資訊。將問題回饋給擔任教師／職員的學員。

進行實習觀察

7. 外部觀察員至少必須完成一個實地場所的觀察演練，最好是有一到兩位搭檔。實地場所演練的次數，因訓練目的而異。評量表供研究使用時，須有較高的評分者間信度，因此在幾次實地觀察演練後，每一個項目都需要做評分者間的信度檢測。

實地場所觀察實習的目的在於讓學員有機會學習使用 SACERS，而非評估被觀察的團體。請確實地向實習觀察場地的安親托育中心清楚地說明這點。

- 在團隊出發前，先仔細的討論觀察者行為。
- 將觀察人員二至四位編組（依教室大小而定），為期二至三個小時。他們應該一起觀察，但各自獨立評分。每個人都需有一本評量表以及一份評分表。盡可能安排小組中一位具有本評量表經驗的人擔任小組長。
- 依據第 5 至 7 頁中 SACERS 的使用說明，進行練習觀察。
- 向教師／職員提問時所有觀察者都必須在場，因此所有問題只需回答一次。

決定評分者間信度

8. 完成觀察並各自圈選評分表上所有項目的分數後，讓該小組利用摘要評分表（如第 44 頁所示之範例），逐項比較分數。最重要的是，討論分數相差 1 分以上的項目。讓每個人嘗試了解為什麼會產生差異，如果可能的話，達成最適當分數的共識。透過差異性之討論後，可釐清評分項目以及計分系統，並可改進信度。

有一個決定評分者間信度的方法就是，當兩位或兩位以上觀察者於同一時間針對相同狀況獨立評分時，評估他們對該項目所給的分數是否一樣。有必要檢查每個項目，查看評分人的分數是否一致。摘要評分表可幫助您計算一致性的百分比。填寫摘要評分表時須：

- 在摘要評分表的上方，記錄中心的名稱、被觀察的教室、日期及觀察者姓名。在摘要評分表的左方，列出所有項目的編號（參閱範例）。

- 記錄每位觀察者所給的評分。重要的是，這些評分必須是獨立的，亦即，分數在進行討論前，記錄在每位觀察者的評分表上。

- 在所有的項目都已記錄在摘要評分表上後，討論分數不同的原因，先由差異超過 1 分的開始。分數不同的原因可能有：觀察者可能沒有全部看相同的活動，他們可能以不同的方式解釋計分標準，或者他們可能沒有徹底地閱讀該標準。有些差異是錯誤的，並且可在未來的觀察中改正。其他的原因可能只是因為觀察以及解釋標準時有些變數的事實所造成。

- 計算每個項目的同意度百分比，將同意單一分數的最多評分人數，除以總評分人數，並乘以 100。請留意顯示最前面四個項目的範例。項目 1，三位評分人都同意 4 分。因此 3 除以 3 × 100 = 100%。項目 2，兩位評分人同意 3 分，而第三位則給 2 分。規定是採用同意單一分數的最多評分人數，因此同意度是 2/3 × 100，為 67%。項目 4，因為評分人都未同意，評分人必須在討論敘述以及說明後，達到最佳分數的共識。然後，共識的分數則成為比較其他分數的標準。如果 2 分成為標準時，則該項目將有 33% 的同意度（1/3 × 100 = 33%）。

摘要評分表範例

項目	觀察者姓名			同意度百分比
	Harms	Jacobs	White	
1	4	4	4	100%
2	3	3	2	67%
3	5	6	6	67%
4	3	2	4	33%

9. 讓學員以兩位或三位為一組觀察，在第二間教室內填寫評量表，並再次進行逐項的信度檢查，以達到所需要的評分者間信度水平。經過訓練後，觀察者通常會很容易並正確地重複使用評量表。當數位觀察者經過一段時間的研究，接受評量表使用標準的訓練後，我們建議定期進行評分者間信度的檢查。

訓練活動

【故意弄亂的項目】

在下列 SACERS 項目中，各指標之排序已被故意弄亂了。請仔細閱讀這些說明，並決定何者應標示為不適當（1）、最低要求（3）、良好（5）或優良（7）。

37. 課程表

(a) _____
- 孩子熟悉每日的基本作息（例如：到達時間、點心時間、日常作息活動流程等）。
- 將課程表公布在中心裡。
- 每日至少規劃一個室內和一個室外的活動（若天氣允許）。
- 每日規劃一些室內或室外的大肌肉活動時間。

(b) _____
- 孩子不熟悉每日的基本作息。
- 課程表不是太僵化，導致沒有時間讓孩子做自己有興趣的事，要不然就是失序的混亂。

(c) _____
- 活動之間有流暢的轉換（例如：在現行的活動結束之前，下一個活動所需的材料已準備妥當）。
- 有規劃戶外教學和特別的活動（例如：中心可以參與社區的特殊重大活動）。

(d) _____
- 課程表具彈性（例如：天氣好的時候，戶外活動時間較長）。
- 每天都有安排幾個能滿足不同年齡層孩子的活動。
- 在相同的時間裡進行多樣化的活動，有些活動是事先規劃的，有些是自發性的活動。
- 整年度每天固定安排戶外（若天氣許可），或室內大肌肉活動時間。

【範例】

閱讀下述狀況後，翻到評量表中課程結構第 37 項「課程表」，評定分數。

你正在觀察一個課後安親托育中心，年齡由 5 歲到 10 歲的二十位兒童。當兒童來到該中心時，他們掛好外套，並將背包放在儲物櫃裡。如果他們想要吃點心，可以享用二十五分鐘。你注意到他們可以自由地在教室內轉換任何一項符合他們年齡所設計的適當活動。他們也可在教室內的教具櫃中選擇其他活動。牆上貼有課表，顯示每天訂有室內與戶外遊戲。三點四十五分時，你跟隨整個團體到體育館。有些孩子抱怨，希望在教室內繼續玩。有位教師／職員說，他們需要一些運動，因為下雨他們不能到戶外活動。四點二十分時，當吹哨響起，必須停止遊戲時，有些兒童要求再待一會，完成遊戲。該教師／職員提醒兒童，每天的四點半當地的籃球隊會使用體育館，所以他們必須回到室內。兒童埋怨並魚貫地回到他們的教室。

你將如何給這種情況評分？ _____

你為什麼要給這個分數？ _____

解答

【故意弄亂的項目：37.課程表】

(a) 3　　　(b) 1　　　(c) 7　　　(d) 5

不適當的分數 1（b）顯示缺乏課表，或課表太過嚴苛。最低要求 3（a）則表示兒童熟悉日常基本作息，以及至少一個室內與一個戶外活動時間的書面課表，以及一些課表訂的每日大肌肉活動。而 5（d）則如說明 5 所示，除了已經具備優良的課程外，尚須在課表上有彈性，讓不同年齡團體在相同時間進行活動。7（c）表示活動之間有順利的轉換期，並提供特殊活動，例如戶外教學。

【範例：4分】

這個兒童托育課程有基本的日常作息，且課表不是很嚴苛，因此不應該被評為不適當（1）。既然兒童抵達中心時，似乎都知道做什麼，這顯示他們熟悉該作息。課表列出室內與戶外遊戲，並有每日表定的大肌肉活動。因此這項目的評分至少為最低要求（3），並且我們繼續看良好的（5）。同一時間有各種活動在進行，並且由表中你可看到每天都訂有室內與戶外的大肌肉活動時間。但是，教師／職員規定室內大肌肉活動時間不能超過四點十五分，顯得沒有彈性，並且課表並沒有因為兒童要在室內繼續玩而有變更。因此，（5）的說明並不能完全適用於這家中心。但是，它符合（3）的全部，以及符合（5）說明中半數以上的標準，因此，它得到（4）的分數。

國家圖書館出版品預行編目資料

學齡兒童課後托育環境評量表／Thelma Harms, Ellen
Vineberg Jacobs, Donna Romano White 著；
房美秋譯. -- 初版. -- 臺北市：心理, 2008. 01
面；　公分. --（幼兒教育；95）
譯自：School-age care environment rating scale
ISBN 978-986-191-113-7（平裝）

1. 托育　2. 兒童教育　3. 教育評鑑

523　　　　　　　　　　　　　　97001744

幼兒教育 95　　**學齡兒童課後托育環境評量表**

原 作 者：Thelma Harms, Ellen Vineberg Jacobs & Donna Romano White
譯　　者：房美秋
執行編輯：陳文玲
總 編 輯：林敬堯
發 行 人：洪有義
出 版 者：心理出版社股份有限公司
社　　址：台北市和平東路一段 180 號 7 樓
總　　機：(02) 23671490　　傳　　真：(02) 23671457
郵　　撥：19293172　心理出版社股份有限公司
電子信箱：psychoco@ms15.hinet.net
網　　址：www.psy.com.tw
駐美代表：Lisa Wu　tel：973 546-5845　fax：973 546-7651
登 記 證：局版北市業字第 1372 號
電腦排版：臻圓打字印刷有限公司
印 刷 者：正恒實業有限公司
初版一刷：2008 年 1 月